Questions Réponses ! 7+

Passion handball

écrit par Jean-Michel Billioud
illustré par Maud Riemann
avec les photos de Stéphane Pillaud
et les conseils de la Fédération française de handball

Nathan

Sommaire

Quels joueurs sont surnommés « les Experts » ?

Ce sont les joueurs de l'équipe de France masculine depuis 2008. Ils ont régné sur le handball mondial entre 1993 et 1996 sous le nom de « Barjots », puis de 2001 à 2008 sous celui de « Costauds ».
L'équipe de France a remporté deux médailles d'or consécutives aux Jeux Olympiques de Pékin et de Londres en 2008 et en 2012, exploit unique dans l'Histoire. Et ce n'est pas fini, car derrière leur chef de file Nikola Karabatic, l'un des meilleurs joueurs du monde, les handballeurs français sont champions du monde en 2017 et ont un bel avenir devant eux.

▲
« Les Experts » sont pour la 6ème fois champions du monde en janvier 2017. Ils ont battu la Norvège 33 à 26 en finale du *Mondial 2017*.

INCROYABLE !

Ce sport porte un nom allemand : dans cette langue, die Hand signifie la main et der Ball, la balle.

C'est quoi, l'esprit du hand ?

Le handball véhicule de nombreuses valeurs du « vivre ensemble » comme le respect des autres, l'esprit d'équipe, la solidarité, la tolérance, l'égalité entre les garçons et les filles. À titre personnel, chaque joueur s'engage à être combatif mais toujours loyal.

Aux Jeux Olympiques de Rio en 2016, les équipes de France masculine et féminine se sont qualifiées pour la finale et ont remporté deux médailles d'argent.

Jackson Richardson a inscrit 787 buts pour l'équipe de France entre 1990 et 2005.

Quelle star française compte 417 sélections ?

C'est Jackson Richardson, le plus grand demi-centre de l'histoire du handball français. Élu meilleur handballeur du monde en 1995, il conduit l'équipe de France vers son premier titre de champion du monde la même année.

Les rencontres de haut niveau attirent près de 13 000 spectateurs.

Où se joue le hand ?

Dans les années 1920, aux Pays-Bas et en Allemagne, ce sport se pratiquait en plein air, sur un terrain de football et chaque équipe était composée de onze joueurs. Aujourd'hui, les handballeurs évoluent sur un terrain six fois plus petit et presque toujours à l'intérieur ; chaque équipe compte 7 joueurs sur le terrain et 5 remplaçants.

Le handball s'est joué en extérieur et à 11 jusque dans les années 1950.

Combien y a-t-il de joueurs dans le monde ?

La Fédération internationale de handball comprend 61 millions de licenciés dans 180 pays et parmi eux, les deux tiers sont des garçons. Mais il y a beaucoup plus de pratiquants car le handball est un sport très populaire à l'école, dès l'âge de 3 ans avec le babyHand.

Au hand, les garçons et les filles peuvent jouer ensemble jusqu'à dix ans !

INCROYABLE !

Les numéros que portent les joueurs sur leurs maillots ne correspondent pas aux postes de jeu, mais souvent à leur numéro fétiche.

Quelles sont les grandes compétitions internationales ?

La plus ancienne est le Championnat du monde, souvent appelé « Mondial », dont la première édition a eu lieu en 1938 pour les hommes et en 1957 pour les femmes. Le Championnat d'Europe, ou Euro, réunit tous les deux ans les meilleures équipes nationales masculines et féminines d'Europe depuis 1994. Au niveau olympique, le handball est apparu aux Jeux de Munich en 1972 pour les hommes et à ceux de Montréal en 1976 pour les femmes.

Le handball, c'est uniquement de la compétition ?

Non, il y a beaucoup d'autres manières de jouer et à tous les âges. On peut s'adonner au babyHand (3/5 ans), au Handball 1er Pas (6/9 ans), au Mini Hand (9/12 ans). Puis on peut pratiquer d'autres activités comme le Sandball/Beach qui se joue sur le sable ou le Handfit dont le but est plutôt de s'amuser et de garder la forme. Toutes ressemblent au handball mais sans l'esprit de compétition.

Les exercices permettent d'améliorer son équilibre et sa motricité.

Travailler son équilibre

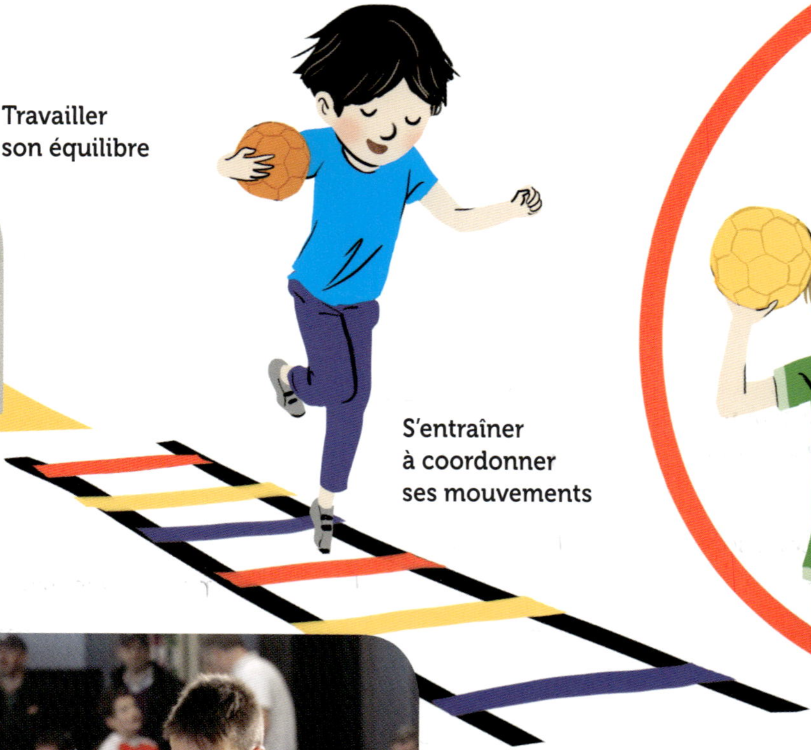

S'entraîner à coordonner ses mouvements

Tirer avec précision dans le cerceau

Le ballon des enfants est plus petit pour leur permettre de bien le contrôler.

Le Handfauteuil se joue en fauteuil, avec des personnes valides et en situation de handicap. L'équipe compte un joueur de moins qu'au handball mais les règles sont presque les mêmes.

Peut-on jouer au hand en situation de handicap ?

Bien sûr. Il existe des rencontres de Handfauteuil et de Handadapté pour les personnes porteuses de handicap physique pour le premier, mental pour le second. Les règles du handball sont légèrement aménagées pour leur permettre de jouer avec des personnes valides en fauteuil, dans les meilleures conditions et de vivre leur passion du sport dans un environnement adapté à leurs performances et à leur sécurité.

INCROYABLE !

Aux jeux Paralympiques, le goalball est un mélange de handball et de… bowling. Les buts font toute la largeur du terrain.

Quel est le but du jeu ?

Une rencontre oppose deux équipes composées de 6 joueurs et d'un gardien de but. Pour marquer, il faut que le ballon entre entièrement dans la cage adverse. L'objectif de ce sport collectif, qui se joue uniquement avec les mains, est de marquer plus de buts que ses adversaires.

C'est quoi, la zone ?

Cette surface dessinée devant chaque but, de 6 mètres de profondeur, est le royaume du gardien de but. Les autres joueurs n'ont pas le droit d'y entrer sauf s'ils sautent en l'air et tirent avant de retomber au sol. Dès qu'un attaquant y pénètre ou marche sur la ligne, l'arbitre siffle une faute et rend le ballon au gardien.

On peut rentrer et sortir du terrain quand on veut ?

C'est l'une des particularités de ce sport. Lorsque l'entraîneur le décide, il peut effectuer des changements entre les joueurs du banc, les remplaçants, et ceux du terrain, autant de fois qu'il le veut et sans arrêter le jeu. Mais chaque remplaçant doit attendre que son coéquipier soit sorti avant d'entrer. Ces remplacements se font pour chaque équipe entre sa ligne de changement et la ligne médiane.

Le terrain fait 40 m de long et 20 m de large. Il est constitué d'une surface de jeu, ou champ, et de 2 surfaces de but, les zones, réservées aux gardiens.

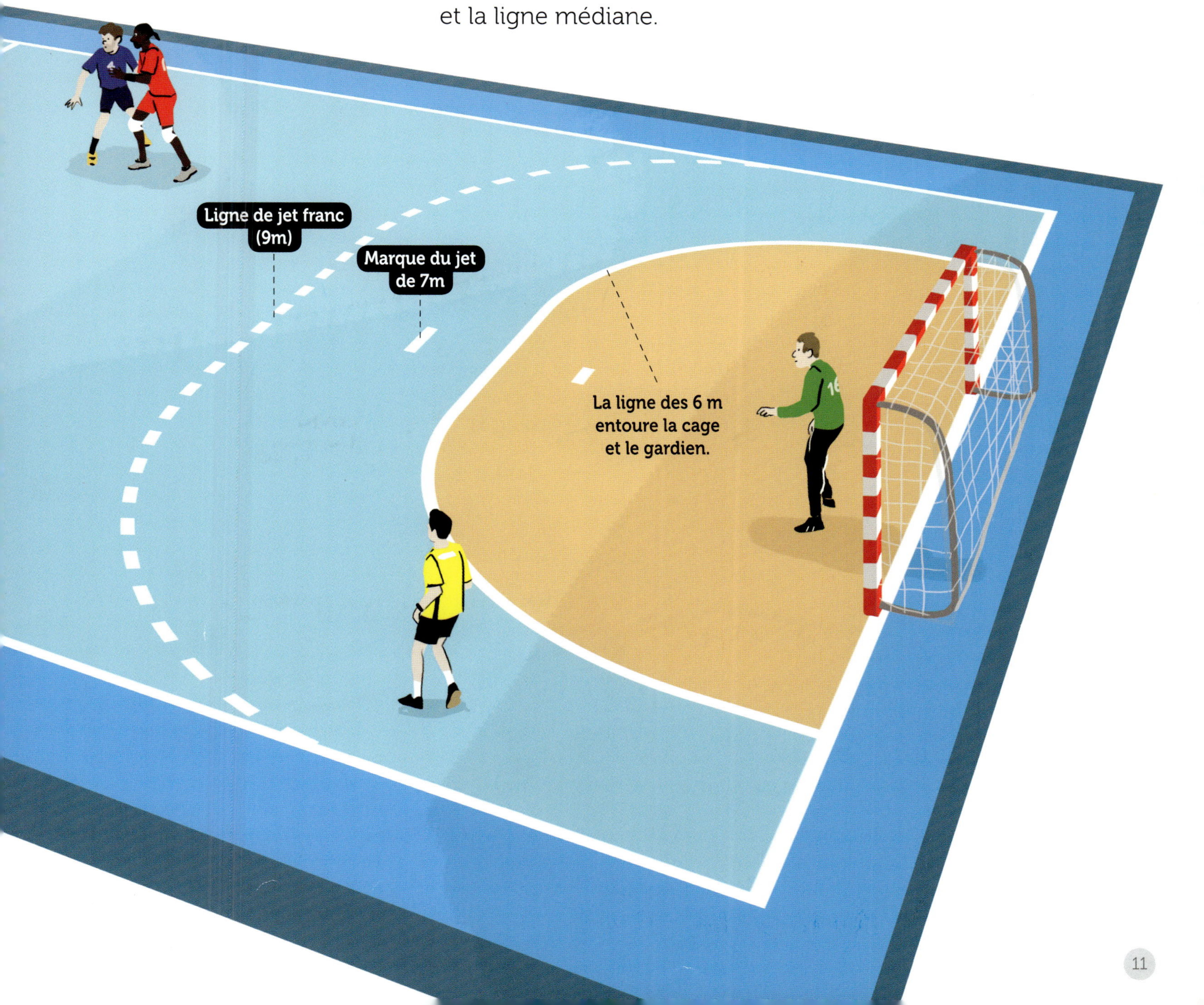

A-t-on besoin d'un entraîneur dans une équipe ?

L'entraîneur ou coach est indispensable car il joue de nombreux rôles. Il choisit la tactique de son équipe, sa manière de jouer, offensive ou défensive. Il est aussi responsable de la préparation physique et technique des joueurs : il organise les exercices pour améliorer les performances de chacun et met en place des combinaisons pour mieux surprendre les adversaires.

Lors des entraînements, le coach surveille la mise en œuvre de ses exercices. Pendant le match, il est au bord du terrain et décide des changements de tactique et du remplacement des joueurs.

Les haies développent la détente des handballeurs.

Les haltères favorisent leur musculation et augmentent leur puissance.

Il faut être souple pour jouer au hand ?

C'est une caractéristique obligatoire pour jouer à un haut niveau. Il faut associer des qualités de force mais aussi de souplesse pour pouvoir courir dans tous les sens et surtout sauter sans se blesser en retombant. Le gardien de but doit même faire le grand écart plusieurs fois par match ! Pour développer leur souplesse, les joueurs font de nombreux étirements à l'entraînement.

INCROYABLE !

Les hommes et les femmes ne jouent pas avec le même ballon, celui des équipes féminines est plus petit.
Mais pour mieux saisir le ballon, beaucoup mettent de la résine sur leurs mains.

Le travail au sol renforce les abdominaux.

Interdit de toucher le ballon avec les pieds ?

Oui ! Un joueur qui utilise volontairement le pied fait une faute sauf si c'est l'adversaire qui lance la balle vers le pied. Mais attention, au handball, le « pied » commence dès le genou. Seul le gardien est autorisé à utiliser toutes les parties de son corps pour arrêter le ballon.

Le gardien a le droit de jouer avec ses pieds mais uniquement dans sa zone.

Pendant un match, l'entraîneur dispose de 3 mini pauses ou « temps morts » d'une minute chacun pour faire souffler ses joueurs et recadrer la tactique de l'équipe.

Quand y a-t-il « marcher » ?

Quand le joueur court ou marche plus de trois pas avec le ballon dans la main. Si un joueur commet cette erreur, l'arbitre doit le sanctionner. Comme il doit aussi le faire si le joueur garde le ballon plus de trois secondes sans bouger.

Au début du dribble, on contrôle le ballon avec la main.

On le fait rebondir en avançant ou en changeant de direction pour tromper son adversaire.

En dribblant, on essaie de neutraliser son adversaire direct.

Après avoir dribblé, le joueur doit tirer ou passer le ballon à un partenaire. Sinon c'est une « reprise de dribble », une faute qui est sanctionnée par le rendu du ballon à l'adversaire.

Qui engage la partie ?

Au début du match, il y a un tirage au sort pour désigner l'équipe qui engage. Chez les adultes, un match dure 60 minutes avec deux périodes de jeu de 30 minutes, séparées par une mi-temps de 10 minutes. En début de seconde période, l'engagement revient à l'autre équipe.

Quels sont les différents postes de jeu ?

Une équipe comprend six « joueurs de champ » : trois « avants » (ailier droit, ailier gauche, et au centre, le « pivot ») et trois arrières (arrière droit, arrière gauche, et au centre, le « demi » ou « demi-centre »), et un gardien de but (qu'elle peut remplacer sur le temps d'attaque par un 7e joueur de champ). Toute l'équipe attaque ou défend ensemble, selon qu'elle est ou non en possession de la balle. La présence de gauchers sur le côté droit est souvent un atout important pour l'efficacité des passes et des tirs.

Ailier gauche 2

Ailier droit 7

Qualités :
Rapide et précis.

Missions :
Défense : empêcher l'ailier adverse de tirer ou de déclencher un mouvement d'attaque
Attaque : enclencher des combinaisons, conclure les « contre-attaques ».

INCROYABLE !

Hamad Fathi, pivot de l'équipe nationale égyptienne est un géant : il mesure 2,25 m !

Costauds, rapides et agiles ?

Cela dépend du poste, mais il est préférable d'avoir toutes ces qualités au minimum. Le caractère et le tempérament comptent aussi : le gardien de but a beaucoup de sang froid et de courage, le pivot aime les duels, le demi-centre est le « maître à jouer », celui qui organise le jeu de son équipe, comme un N°10 au football ou au rugby.

Arrière gauche 3

Arrière droit 6

Qualités :
Très costaud, puissant, bonne détente.

Missions :
Défense : empêcher les arrières adverses de tirer au but ou de passer la balle au pivot.
Attaque : tirer de loin.

Le pivot 4

Qualités:
Agile, rapide, combatif.

Missions :
Défense : gêner la circulation de balle adverse.
Attaque : trouver ou créer des espaces dans la défense adverse, tirer de près.

Le demi-centre 5

Qualités :
Costaud, rapide et tacticien.

Missions :
Diriger la défense, diriger les attaques pour perforer la défense adverse.

Le gardien de but 1

Qualités :
Grand, des réflexes et de l'explosivité sur les tirs de près, des capacités de lecture du jeu adverse, d'anticipation.

Missions :
Empêcher le ballon de rentrer dans ses buts et relancer le mieux possible.

Un joueur dans une cage ?

Les deux cages de but, chaque équipe a la sienne, mesurent trois mètres de large et deux mètres de haut. Et généralement, elles sont peintes de deux couleurs différentes, contrastées comme le blanc et le rouge ou le noir et le jaune.

INCROYABLE !

L'efficacité d'un gardien se mesure par le nombre d'arrêts de tirs adverses. Dans certains matchs, cela peut représenter la moitié. Mais c'est rare !

Le gardien ne porte pas de gants pour mieux sentir le ballon et relancer les contre-attaques.

À quoi reconnaît-on le gardien ?

En plus de sa position, plusieurs éléments permettent de l'identifier au premier coup d'œil. Il a un maillot dont la couleur est différente de celle de ses équipiers et de ses adversaires pour qu'il n'y ait pas de confusion. Il porte aussi un pantalon pour se protéger des impacts des tirs.

Le gardien essaie de couvrir le maximum d'espace avec ses jambes et ses bras.

Il joue sur tout le terrain ?

La plupart du temps, il reste dans sa zone où il est le seul à pouvoir évoluer. Il se déplace sur toute la surface du but avec le ballon. Il prend parfois de gros risques en s'éloignant de sa cage.

Le gardien doit se placer entre le tireur et le milieu du but. La ligne blanche continue fait aussi partie de la zone réservée au gardien.

Il y a beaucoup de sortes de tirs ?

Au handball, les techniques de tir sont très nombreuses. Lors du tir en appui, le joueur utilise sa puissance, les pieds au sol, pour transpercer la défense et tromper le gardien. Il y a aussi le tir à la hanche qui se déclenche à mi-hauteur avec une grande spontanéité ou le tir dans le dos, très rare, quand l'attaquant est repoussé par un défenseur et n'a pas d'autres solutions.

Tir à la hanche

Tir dans le dos

Tir en appui

Qu'est-ce qu'un passage en force ?

Parfois, certains attaquants « forcent » le passage vers le but en percutant de face ou de dos un joueur adverse ou en le poussant avec la main, le bras, l'épaule alors qu'il est immobile. C'est une faute fréquente, que l'on soit ou non porteur du ballon, et l'arbitre doit sanctionner le joueur en redonnant le ballon à l'équipe adverse.

Lors d'un tir en suspension, on est suspendu par une corde ?

Non, mais ce serait plus facile ! Quand il utilise cette technique, pour passer au-dessus d'une défense qui semble imperméable, l'attaquant tire alors qu'il est en l'air. C'est un geste qui demande beaucoup d'équilibre, de coordination et de puissance.

Les joueuses de haut niveau peuvent sauter à plus de 1 mètre avant de tirer.

INCROYABLE !

Un ballon tiré vers le but peut dépasser 100 km/h.

Le chabala, c'est une chanson ?

▲ Le chabala surprend toujours le gardien de but.

Non, c'est un geste qui consiste à faire croire jusqu'au dernier moment au gardien adverse que l'on va réaliser un tir très puissant. Du coup, il écarte les bras en opposition. Mais au dernier moment, on « casse son poignet » pour donner au ballon une trajectoire plus lente avec un effet. Le tir passe alors tout en douceur à proximité de la tête du gardien.
En 2007, la mascotte du championnat du monde masculin s'appelait Chabala !

On utilise souvent le kung-fu à la fin d'une contre-attaque, menée à deux contre le gardien. ▶

Qu'appelle-t-on la roucoulette ?

C'est le fait de donner un effet incroyable au ballon quand on tire au but. Le ballon semble sortir du terrain mais quand il rebondit sur le sol, il change de direction, contourne le gardien et file vers la cage. Rok et Koolette ont été les mascottes du Mondial masculin 2017 !

Le plus souvent la roucoulette est effectuée par les pivots et les ailiers, mais tout le monde peut la tenter !

Le ballon a un tel effet que dès le premier rebond, il se dirige vers le but.

On fait du kung-fu sur un terrain de hand ?

C'est le nom d'un geste technique particulièrement délicat à réaliser. L'attaquant saute au-dessus de la zone, reçoit la balle pendant qu'il est en l'air et tire avant de retomber sur le sol. Ce geste exige une coordination impeccable entre le passeur et le tireur ; il doit être réalisé au dixième de seconde près.

Sur un jet de 7 m, le gardien ne peut pas avancer à plus de 4 m de sa ligne de but.

Pourquoi le gardien écarte-t-il les jambes ?

C'est pour occuper le maximum d'espace au moment du tir. Le reste du temps, le gardien se tient à environ 50 cm devant la ligne de but avec les jambes légèrement écartées, de manière à pouvoir réagir aux ballons qui arrivent à droite comme à gauche. En fonction des attaques des adversaires, le gardien se déplace devant sa cage pour fermer les angles de tir en réalisant une parade de son choix. Quand il écarte à la fois les jambes et les bras, on dit qu'il fait l'étoile.

INCROYABLE !

Non, les joueurs ne portent pas de cravate au hand ! La cravate désigne un geste dangereux au niveau du cou ou des épaules : c'est une faute grave sanctionnée par l'arbitre.

Quand siffle-t-on le jet de 7 mètres ?

L'arbitre sanctionne une équipe dès l'instant où un joueur attaquant est gêné alors qu'il est susceptible de marquer, soit en position de tir, soit quand il part seul en contre-attaque par exemple. Un jet de 7 mètres, ou penalty, peut donc être sifflé à n'importe quel endroit de l'aire de jeu. Il est tiré par le joueur qui a subi la faute ou par un de ses partenaires.

Pour que le jet de 7 mètres soit validé, le tireur doit attendre le coup de sifflet de l'arbitre et garder au moins un pied au sol.

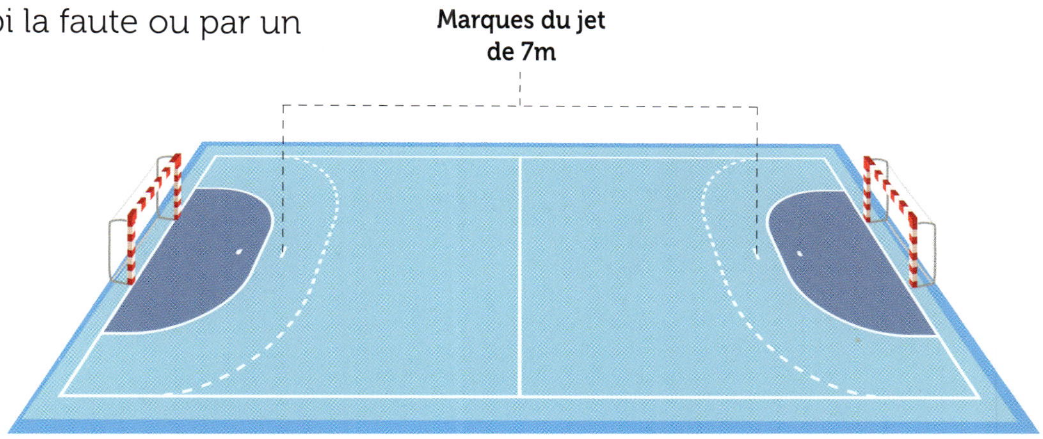

L'arbitre doit siffler un jet de 7 m pour ces deux actions interdites : le tirage de maillot et la défense en zone.

Un défenseur n'a pas le droit de pénétrer dans la zone.

Pour un violent tirage de maillot, l'arbitre peut aller jusqu'à exclure le défenseur.

INCROYABLE !

Le Français Didier Dinard, double champion du monde (2003, 2005) et olympique (2008, 2012), et entraîneur des Bleus, est le meilleur défenseur de l'Histoire !

Qu'est-ce qu'une défense de zone ?

C'est une tactique dans laquelle chaque défenseur est responsable d'une partie du terrain et non d'un adversaire en particulier. Il défend indifféremment face aux attaquants rentrant dans les 9 mètres. Il est chargé de les surveiller ou d'intercepter le ballon.

L'arbitre doit sanctionner cette défense trop agressive.

Comment arrête-t-on une attaque ?

Un défenseur peut stopper une offensive en barrant avec son corps le chemin de l'adversaire. Mais il est interdit de le ceinturer ou de lui barrer le chemin avec les bras, les mains ou les jambes. On n'a pas le droit non plus de le pousser, de le repousser ou de le percuter.

L'arbitre brandit un carton rouge car le défenseur déséquilibre l'attaquant de manière particulièrement dangereuse.

Quand y a-t-il deux arbitres ?

Généralement pour les matchs importants, nationaux ou internationaux. Chacun se répartit le terrain pour mieux surveiller, et sous deux angles de vision, le jeu avec et sans ballon. Les arbitres portent une tenue bien différenciée des joueurs des deux équipes.

❶ Quand l'arbitre fait ce geste à un joueur, ce dernier doit quitter le terrain pendant deux minutes.

❷ Cet arbitre appelle un médecin pour soigner un joueur blessé.

Qui aide les arbitres ?

Le chronométreur et le secrétaire qui sont installés à la table de marque au niveau de la ligne médiane. Le chronométreur contrôle le temps de jeu, les arrêts de temps de jeu, les 2 minutes d'exclusion. Le secrétaire note tout ce qui se passe comme les buts, les tirs, les arrêts du gardien de but, les cartons jaunes, les cartons rouges et les exclusions.

Le carton rouge, synonyme de disqualification, sanctionne des fautes présentant un risque pour l'intégrité physique des joueurs.

Ce geste désigne la direction du jet franc.

L'arbitre sanctionne un joueur qui a « marché » ou conservé le ballon plus de 3 secondes.

Un joueur a été ceinturé, retenu ou poussé.

Le carton jaune est le premier niveau de sanction. C'est un simple avertissement.

Lexique

Aire de jeu

Rectangle de 40 mètres de long sur 20 mètres de large : les grands côtés sont appelés lignes de touche.

Arbitre

Il veille à l'application des règles de jeu et protège les joueurs en sanctionnant toute forme de brutalité.

Ballon

En cuir ou en matière synthétique, le ballon est de taille et de poids différents selon les catégories : de 58 à 60 cm et de 425 à 475 g pour les plus de 16 ans, de 50 à 52 cm et de 290 à 330 g pour les plus jeunes.

Buts

Placés au milieu des lignes de sortie de but, ils ont une hauteur de 2 mètres et une largeur de 3 mètres.

Changement

Dès qu'un joueur à remplacer a quitté l'aire de jeu, son remplaçant peut pénétrer sur le terrain, à n'importe quel moment et plusieurs fois au long du match, mais toujours dans la zone réservée pour cela.

Chronométreur

Il a la responsabilité de contrôler le temps de jeu, les arrêts de jeu et le temps de sortie des joueurs exclus.

Engagement

Il est exécuté au début de chaque mi-temps et après chaque but, depuis le centre de l'aire de jeu.

Équipement

Les joueurs de champ d'une équipe doivent porter une tenue uniforme, différente de l'équipe adverse et de l'arbitre, ainsi que des chaussures de sport.

Gardien de but

Dans sa surface de but, il est le seul à pouvoir manipuler le ballon et à se déplacer.

Jet franc

Lorsqu'une irrégularité est commise, les arbitres accordent un jet franc à l'équipe adverse à l'endroit de la faute.

Ligne de but

Ligne de 8 centimètres de largeur, tracée entre les deux montants de chaque but. Un but est marqué lorsque le ballon franchit complètement toute la largeur de la ligne.

Ligne de jet franc

Parfois appelée ligne des 9 mètres, cette ligne discontinue est tracée à 3 m de la ligne de surface de but.

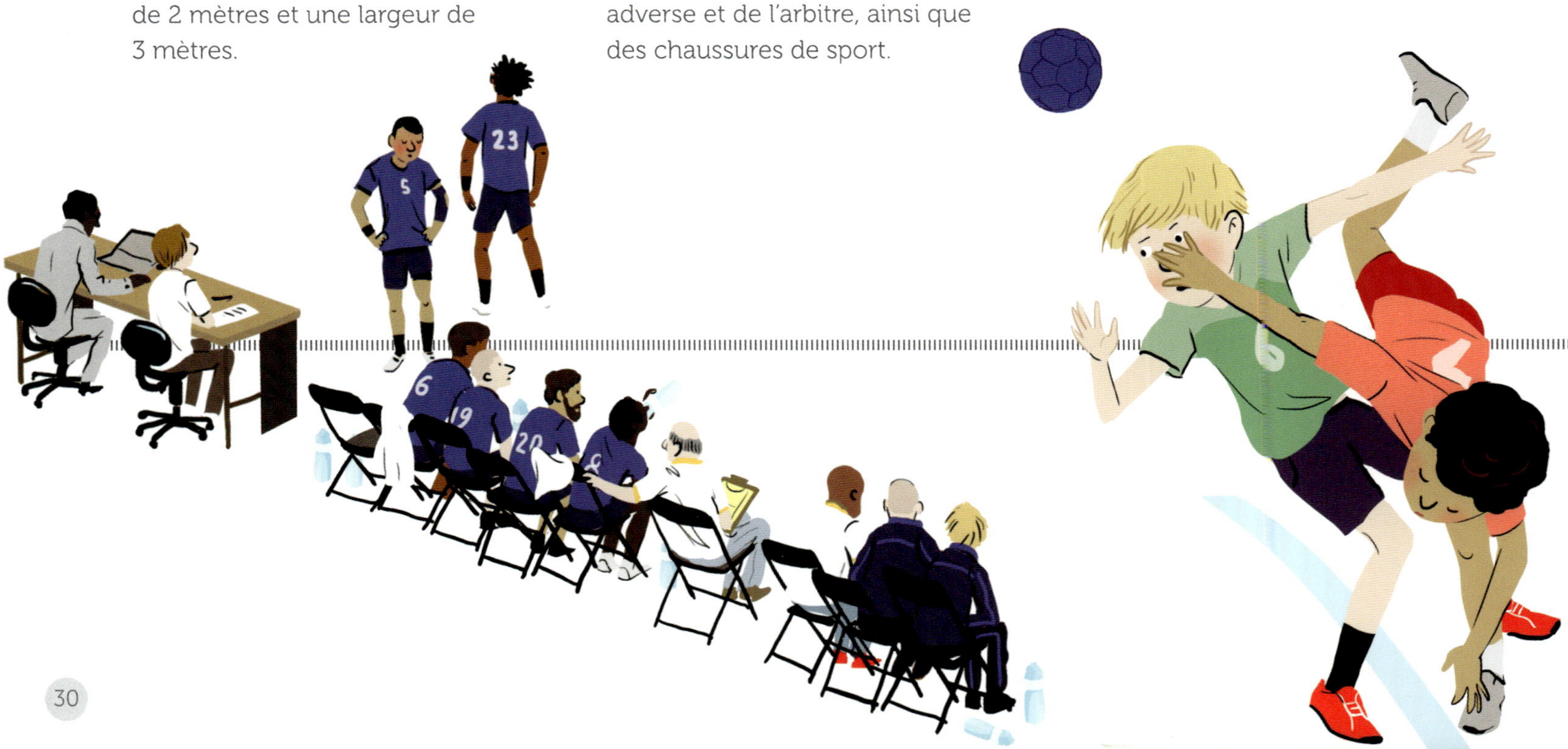

Lignes de sortie de but

Elles sont situées de part et d'autre des montants des deux buts.

Ligne médiane

Elle relie les milieux des lignes de touche, au centre du terrain.

Marque du jet de 7 m

Ligne de 1 m de long, parallèle à la ligne de but et tracée à une distance de 7 mètres

Remise en jeu

Lorsque le ballon a franchi la ligne de touche, la remise en jeu est effectuée par un joueur qui doit garder au moins un pied sur la ligne de touche.

Renvoi

Il est exécuté par le gardien de but depuis sa surface de but.

Résine

Il est permis d'utiliser de la résine sur ses mains pour faciliter la saisie du ballon.

Sanctions

Selon la gravité de sa faute, un joueur (ou un dirigeant) peut être averti (carton jaune), ou exclu (il peut revenir après 2 minutes), ou disqualifié (carton rouge).

Secrétaire

Son rôle est notamment de contrôler la composition des équipes et les évènements du match.

Temps de jeu

Pour les joueurs de 16 ans au moins, il est de 2 x 30 minutes. Pour les 12/16 ans, la durée est de 2 x 25 minutes, pour les 8/12 ans, elle est de 2 x 20 minutes.

Temps morts

L'entraîneur de chaque équipe peut demander trois fois l'arrêt du temps pendant une minute pour conseiller ou reposer ses joueurs.

MIXTE
Papier issu de
sources responsables
FSC® C022030

L'Éditeur tient à remercier la Fédération française de handball
de ses précieux conseils pour l'édition de cet ouvrage.

Textes Jean-Michel Billioud
Photos Stéphane Pillaud / FFHandball
Illustrations Maud Riemann
Maquette Françoise Maurel
Photogravure Irilys

L'auteur remercie Michel Guibourgeau
de sa lecture avisée

ISBN : 978-2-09257207-8 – N° d'éditeur : 10227046
Dépôt légal : juillet 2017
Loi n° 49-956 du 16 juillet 1949 sur les publications destinées à la jeunesse,
modifiée par la loi n° 2011-525 du 17 mai 2011.
Achevé d'imprimer en juin 2017 par Pollina (85400 Luçon, France) - 81013

mes-questions-reponses.fr
www.nathan.fr